MAPPING STONE

Paul Vangelisti
&
Dennis Phillips

Art by William Xerra & Courtney Gregg

MAPPING STONE*

Translated by Luigi Ballerini

---

* Una doppia istanza è presente nel titolo originale "Mapping Stone". Non essendo possibile ricondurle a una sola espressione si è preferito evitare, in italiano, l'ingombro di un titolo fuorviante o non rispettoso dell'implicita anfibologia. In un primo senso la pietra (stone) è l'oggetto dell'azione indicata dal verbo /to map/, coniugato al gerundio. Si potrebbe tradurre con "La mappa delle pietre", o meglio "Come fare una mappa delle pietre", ovverossia delle stele neolitiche che si trovano in Lunigiana. In un secondo senso la pietra stessa diventa il materiale di cui la mappa si compone. E qui la traduzione potrebbe essere, semplicemente "Mappa di pietra", un invito rivolto a poeti e artisti affinché non perdano di vista l'umiltà necessaria a condurre in porto l'impresa.

postmedia ● books
Otis Books | SEISMICITY EDITIONS
2013

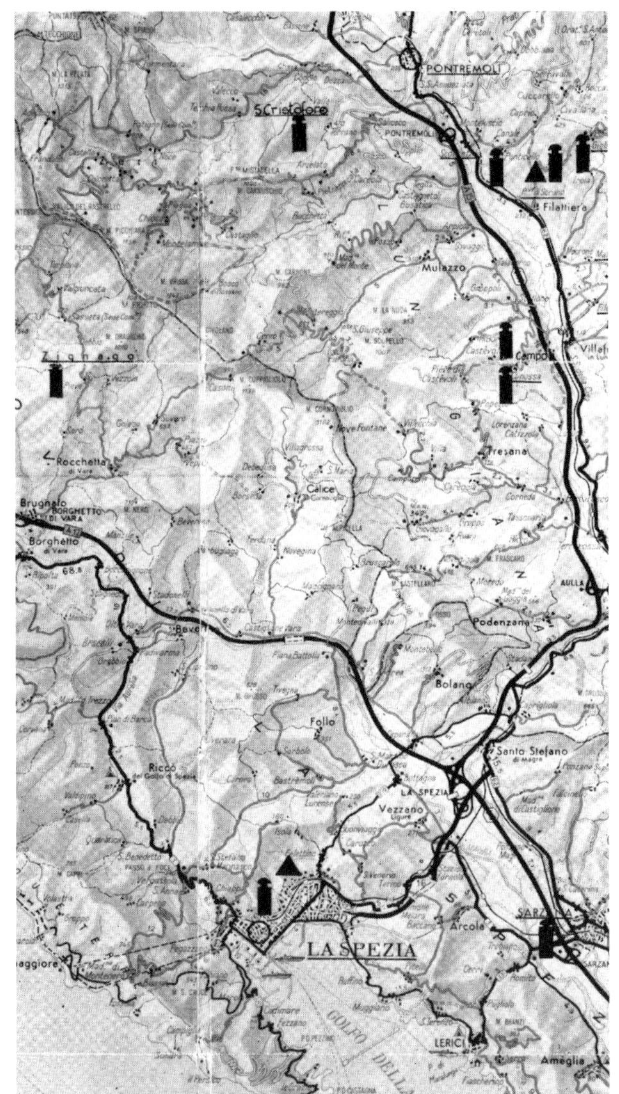

PONTREMOLI
S.Cristoforo
PONTREMOLI
Filattiera
Mulazzo
Zignago
Campoli
Villaf
Rocchetta
di Vara
Tresana
Lorenzana
Brugnato
BORGHETTO
DI VARA
Calice
Borghetto
di Vara
AULLA
Podenzana
Bolano
Follo
Santo Stefano
di Magra
Riccò
del Golfo di Spezia
LA SPEZIA
Vezzano
Ligure
SARZANA
Arcole
LA SPEZIA
SARZAN
LERICI
Ameglia
GOLFO DELLA S.

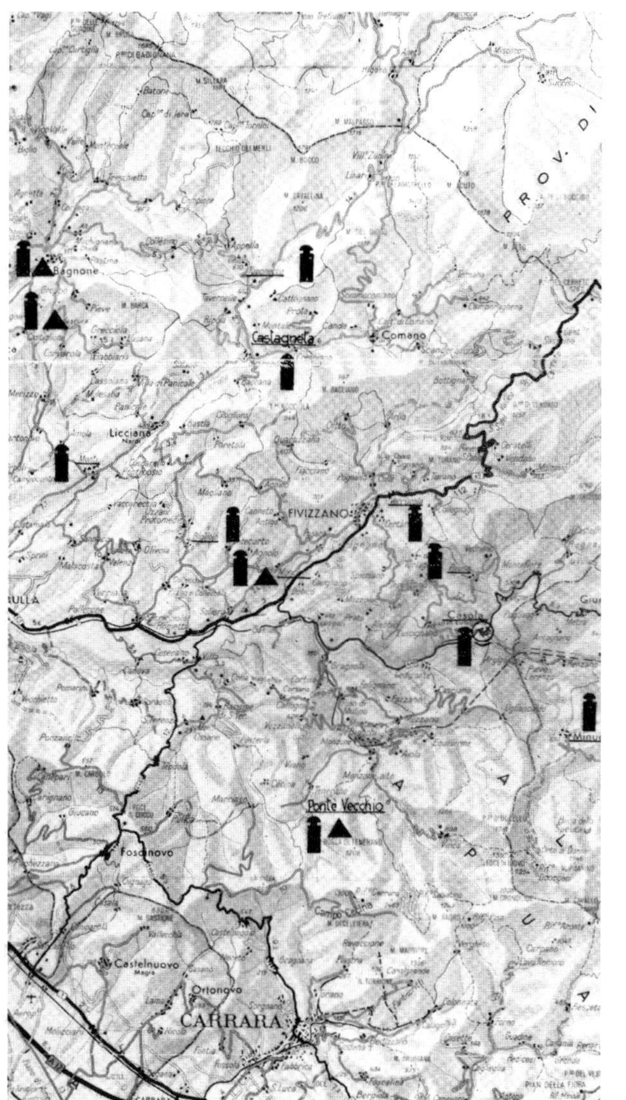

PROV. DI
Bagnone
Castagnetla
Comano
Licciana
FIVIZZANO
Casola
Minu
Ponte Vecchio
Fosdinovo
Castelnuovo
Ortonovo
CARRARA
BULLA

Another ending once unloosed, a measure of earth momentarily lent some less rugged face or thorny pleasure. Easily, before this life's destroyed, an ever accruing voice holds fast proof of the healing exiled words devise. Even if one thought you were finally done with rime, the heart wants pleasing, the heat and cool of your native leisure.

Between the moon-headed stele and the water-polished riverbed; Between the line˚ we wait in and the line between being seen as a stranger and being seen; Between one town or city or country and another¸ and distance and the idea of place. The problem of ascending another's stairs is the issue of being stuck between them. But I detour three clicks passed a rational analysis and speaking of ambivalence what about Clotho, the thread spinner or at least I think it's she, unwilling to play the assigned role as bearer and marble statue, one captive's winding away another's connective phylum, organize though we must.

Proemio

Un altro finale, un tempo slegato, una misura di terra che per un breve istante ha offerto un volto meno ruvido o il piacere di una mala spina. Con calma e prima che m'uccida il nero e il bianco, una voce che mai degrada è prova della guarigione che parole in esilio sanno provocare. Se anche qualcuno ti credesse del tutto partito da queste nostre rime, il cuore non rinuncerebbe al suo piacere, al caldo e al freddo del natal sito e del piacer più fino.

Tra la stele lunata e il letto del fiume levigato dal fluire delle acque. Tra la fila che facciamo e il filo che separa l'essere visti come stranieri e l'essere visti. Tra una città o una metropoli o tra un paese e un altro, tra una distanza e un'idea di luogo. Il problema che si riscontra nel salire le scale altrui è quello di non restare incastrati tra l'una e l'altra. Ma io faccio una deviazione e mi sposto tre scatti più in là di qualsivoglia analisi razionale, e a proposito di ambivalenza che diremo di Cloto, la filatrice, se non vado errato, che cerca di sottrarsi al ruolo che le è stato assegnato di portatrice e di statua di marmo, un prigioniero che aggomitola il phylum di un altro prigioniero, perché dall'organizzare non c'è scampo.

---

* La polisemia dell'inglese /line/ non è riducibile a un unico significante. Si è dunque ricorsi, di volta in volta, a linea, riga, verso, filo etc. [n.d.t.]

Like tigers of remorse frozen in stone,
ever defiant in their hierarchy.
Here they come with all that's missing.
There where mountains inform the sea.
Stone, a way of life like any other.
Border music in the eyes of a morning
chasing mist down the lush curving valley.
Hardly the footprint of an abstract people
who carry exile like a willing hunger.

How to accrue endings if the eye seems easily enthralled, and often
outmeasured even by an act of momentary pleasure.

Tigri del rimorso immobili nel gelo della pietra
pronte alla sfida, come sempre, ciascuna secondo
il rango. Eccole che ricompaiono ricche di quello che
hanno perduto. Proprio qui dove il monte modella
il mare. Pietra, un modo di essere, come tanti altri.
Negli occhi del mattino musiche frontaliere scacciano
la nebbia giù per la valle curva e lussureggiante.
Altro che orma di un popolo astratto che si trascina
dietro il suo esilio come fosse una fame desiderata.

Come accumulare conclusioni quando, come sembra, l'occhio si fa
facilmente incantare e spesso anche diminuire da un'azione che dona un
piacere momentaneo.

It's early or at least it's early somewhere.
Or given what cats or crews drag in, it's
later than's dreamt of in our philosophy.

It's early enough, if you follow the thread—
in this case Clotho's made it in marble
or so we'll say in Carrara's shadow—

that sandstones up into a labyrinth
as clear as the bell's sounding this Sunday
against a bass figured in boarshot.

The thread of limestone reminiscent of the expression "clear as mud." Mud,
not as condiment but fundament (as in the earth upon which shot rains
down, arrows of lead.)

È presto, voglio dire sarà pur presto da qualche parte.
O meglio, considerato quel che ti portano in casa
gatti e marinai, è più tardi di quanto mai sogni

questa nostra filosofia. Ma se segui il filo allora
è presto … in questo caso Cloto l'ha fatto di marmo
così, quanto meno, si dice all'ombra di Carrara …

e si fa di arenaria quassù in un labirinto chiaro
quanto il suono di queste campane domenicali
contro il contrabbasso di uno sparo al cinghiale.

Una vena di roccia calcarea che ricorda l'espressione "chiaro come il fango".
Fango inteso non come condimento ma come fondamento (come nella
terra su cui piovono spari, frecce di piombo).

First fall rain brings time and timelessness
to the rigor of wanting. Little is left
of yesterday's desire. Stone equals stone
no matter its name. The ants have vanished.
The light more wistful now than easy.
Shotgun fire announces the start of day.
Copper, bronze, iron seem not so long ago
and good enough terms for what has come to pass.
Birdsong grows as sun begins cat-like to stretch.

The rigor mentioned is, in fact, more of the logic poets adopt to survive
and carry on with the everyday. The figure, incidentally, of a cat-like sun
recalls the first poem he ever wrote on his initial visit here in 1964. If he
could find it, he'd quote the last lines describing the cat/sun rising and its
easy progress across the slate roofs.

Al rigore della mancanza le prime piogge autunnali
offrono tempo e tempo senza fine. Ben poco rimane
dei desideri di ieri. Una pietra uguaglia un'altra pietra,
non importa quale nome abbia. Svanite di botto anche
le formiche. Più che facile la luce, adesso, è ansiosa.
Un colpo di doppietta annuncia l'inizio del giorno.
Rame, bronzo, ferro, sembrano poco tempo fa, nomi
buoni per dire ciò che appartiene al passato. Cresce
il canto degli uccelli mentre il sole si stira come un gatto.

Il rigore di cui si parla, in realtà, appartiene più alla logica cui fanno
ricorso i poeti per sopravvivere e badare alle incombenze quotidiane.
L'immagine del sole che si stira come un gatto risale a una poesia scritta
nel 1964, durante il primo soggiorno del poeta. Se gli riuscisse di trovarla,
ne trascriverebbe volentieri qui gli ultimi versi che descrivono l'alzarsi
del sole/gatto e il suo serafico passaggio da un lato all'altro di un tetto di
ardesie.

You tell me a thread of mist serpentines
though the valley in the shadow of the
forested hills and over the polished
marble riverbed. A truck backfires,
and the locals stare at strangers then avert
to causes more familiar, then on
to days the strangers can't fathom or at
least can't exactly give voice to, not
unlike the birdsong you wake to each day.

Mi dici che un filo di nebbia serpeggia lungo
la valle all'ombra di alture boschive e sopra
il marmo levigato del letto del fiume. Il motore
di un camion ha un ritorno di fiamma, la gente
del luogo fissa gli stranieri poi volge lo sguardo
a scene meno insolite, e poi ancora a giorni che
gli stranieri non sanno come prendere o cosa
dirne di preciso, non diversamente dal cinguettio
che ti accoglie al risveglio ogni mattina.

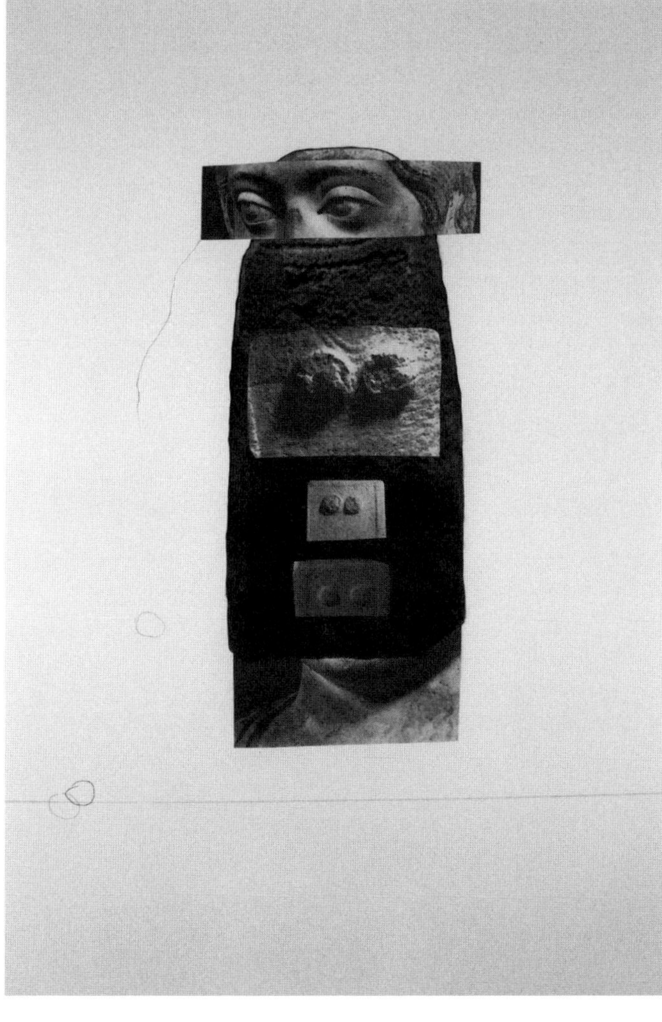

And the silence, that splendid indifference
of sandstone cliff and river rock, whose green verge
coursing dark, pubic with pine and chestnut
toward evening sun. And, of course, stone's
ancient, dazzling poverty whose virtue
tolerates every question, every chisel
decapitating the previous question.
Each night centipede emerges from the hole
high up on the kitchen wall to watch.

If it squints like a duck, grins like a duck, then it's just another citizen
trying, as the poet used to say, to keep one's distance if one can.

E il silenzio, la splendida indifferenza dei dirupi
di arenaria e del fondo fiume di roccia, col suo
margine verde più scuro che, come un pube di pini
e castagni scorre, a sera, verso il sole. E poi l'antica
luminosa povertà, naturalmente, la cui virtù sopporta
qualsiasi domanda, qualsiasi scalpello che possa
tagliare la testa della domanda precedente. Ogni sera
il millepiedi mette il naso fuori dal suo buco
in alto, nel muro della cucina, e dà un'occhiata.

Se strizza gli occhi come un'oca, se ride sotto i baffi come un'oca, non può
che trattarsi di un comune cittadino impegnato a mantenere le distanze,
come diceva il poeta.

Clotho spins another yarn, this time
the fog's thread forms words in a language
without a voice that aspires to, if
not silence then at least a faint whisper.

Who was it tried to write paradise?
And by that I really mean to say that
I may like the stairs, the bread may taste fine,
but, paradise or not, they can never be mine.

I keep forgetting about the stele.

Cloto tesse un altro stame, stavolta
il filo di nebbia forma parole in una lingua
priva di una voce che aspiri se non
al silenzio, almeno a un debole sussurro.

Chi ha tentato di scrivere del paradiso?
Col che voglio dire che le scale non sono un duro
calle, che il pane ha un ottimo sapore, che con
o senza paradiso, non saranno mai cose mie.

Mi ricordassi una volta di parlare delle stele.

Skies, skies and more skies, omens of what's to come
or what has come or won't stop or, more simply,
where one's been. From the sky you might see how glad,
vague or disappointed you've become,
as with these lush hills from stark mountains
rushing northwest to the sea. As when a boy
waiting for the bus along an avenue
of wind and sun, you were sure of a future
endless and chill as the Pacific.

He began to write "far as the reddening ocean," but then it couldn't have
been like that, sounding more like a memoir than the first year of high
school. And, after all, it had been Geary Street in San Francisco, late
autumn of 1959, staring at the salmon sky in a way one never dared with
anybody's eyes or face.

Cielo, cielo e ancora cielo, presagio di quel che avverrà
o è avenuto, e non dà tregua, o più semplicemente,
di dove uno è stato. Dal cielo si capisce, come pure
da queste folte colline ai piedi di nude montagne
che corrono al mare in direzione nord-ovest, se uno
è contento, o svagato, o deluso, e quanto. Come quando
da ragazzo, aspettavi l'autobus lungo un viale di vento
e di sole, ed avevi la certezza che il futuro sarebbe
stato interminato e gelido come il Pacifico.

<hr>

All'inizio aveva scritto "lontano come l'oceano che si arrossa", ma non
andava bene perché aveva più il tono di un libro di ricordi che di una cosa
scritta il primo anno di *high school*. Dopo tutto si trattava di Geary Street,
a San Francisco, nell'autunno del 1959, con lo sguardo incollato a quel
cielo color salmone che nessuno che avesse faccia o occhi avrebbe osato
fissare in quel modo.

Between time and money and the fine line
between commerce and the way to the river;
or more, between layers of reflection
in a museum's vitrine then back again
to time and money and the quality
of things made in sandstone and paper. Paul,

I'm waiting for you in the shadow of
the piazza d'Italia as calm as
a marble saint out of line once again.

If you wait long enough in a single spot, a president of the United States is
bound to pass. The empire's shadows cast long and only now just beginning
to run out of line. But I want to change the subject from time and space to
space alone as form, an old thing, a creator god, a succubus.

È sottile la riga che divide il tempo dal denaro,
il commercio dalle strade che portano al fiume;
o ancora di più quella che separa i piani riflessi
dalla vetrina di un museo, per poi marcia indietro
al tempo e al denaro e alla qualità degli oggetti
fatti di arenaria e di carta. Paul, sono qui

che ti aspetto nella penombra della Piazza d'Italia,
calmo quanto potrebbe esserlo un impertinente
santo di marmo che ha rotto le righe un'altra volta.

Se stai fermo in un posto quel che tanto che basta vedrai passare un
presidente degli Stati Uniti. Sono lunghe le ombre dell'impero e solo adesso
hanno incominciato a mostrare la corda. Ma voglio cambiare argomento,
passare dal tempo e dallo spazio allo spazio inteso soltanto come forma un
dio creatore, un demone notturno.

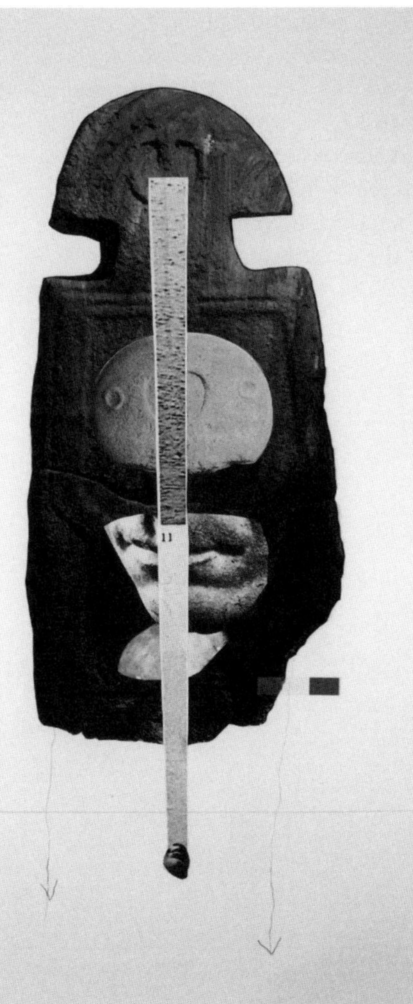
11

Stone passages, unaging boundaries.
Il suo essere di frontiera, verde frontiera.
Whose country is poetry, a house inspired
to endure the face of troubling waters,
mapping the edges to what one might know.
Scissors, paper, rock[*], scissors, paper, rock,
says the poet, obviously uneasy
with what the water brings, with what it does not.
Lost borderlines marking where you might go.

'Being of the frontier, greeny frontier.'

Passaggi di pietra, confini che non invecchiano
Il suo essere di frontiera, verde frontiera.
La cui provincia è la poesia, una dimora fiera
di reggere lo sguardo di acque allarmanti,
e delineare i bordi di quel che si potrebbe
conoscere. Forbici, carta, sassi, forbici, carta,
sassi, dice il poeta inquieto, è chiaro, all'idea
di quel che l'acqua potrebbe portare o non portare
con sé. Persi confini segnano dove si potrebbe andare.

---

*Si tratta di una specie di gioco della morra (versione americana). Qui però
i numeri (indicati dalle dita "scoperte" la cui somma determina il vincitore,
cioè appunto, dei due contendenti, quello che riesce a indovinarla) non
c'entrano. C'entrano le figure simbolizzate dal modo in cui la mano viene
calata: la mano chiusa, o pugno, indica il sasso; il dito medio e il dito
indice aperti, come nel segno della vittoria, ma proposti orizzontalmente,
indica la forbice; la mano spalancata (dorso di sopra) la carta. Il sasso batte
la forbice nel senso che, pestandola, può spaccarla; la forbice, potendola
tagliare, batte la carta; la carta, potendolo coprire, e dunque nascondere,
batte il sasso. [n.d.t.]

Maybe you're a boundary maybe you're an
accident, moon head here, mushroom head there
someone even called you an owl though for me
the knives and breasts and missing heads lead back
to the simpler problem of not knowing.

By you I mean to address material,
another boundary, the one we all
confront, soon or late, no matter belief,
if we close our eyes and think hard enough.

It may be worth noting how theories bloom where little is known or is
knowable. How many people were Homer or Hesiod? Why the paintings in
Lascaux?

Potresti essere un confine, oppure un caso fortuito,
testa lunata di qua, cappella di fungo di là, qualcuno
ti ha perfino chiamato civetta, per me tuttavia i coltelli
i seni, le teste mancanti non fanno che riportarci al fatto
nudo e crudo che non ne sappiamo nulla.

Qui, se mi rivolgo alla materia parlandone come fosse
una persona è perché ho in mente un altro confine,
col quale, presto o tardi, fede o non fede, ci dovremo
scontrare, basta chiudere gli occhi e concentrarsi.

Vale la pena di notare come le ipotesi fioriscano laddove le conoscenze
sono scarse o addirittura inesistenti. Quanti erano gli Omero e quanti gli
Esiodo? Qual è il vero perché delle pitture di Lascaux?

The fantastic hardly makes for music.
Music does. Not the perception of heels
but that firm brazen sound on sidewalk
very late on an empty windless night
in an empty corner of the city.
Rock unearthed, peculiar lines upheld
and worn by millennia, bearing silence.
It isn't poetry but something before.
Hardly fantastic and like silent music.

Though at the heart of the undertaking, to risk failure isn't enough. One
must make one's way to the silent lake, to the 'words that speak,' and the
text or country that reads you.

È impensabile che il fantastico possa favorire
il nascere della musica. Alla musica giova solo
la musica. Non l'ascolto di un battito di tacchi
ma quel suono solido e sfacciato sul marciapiede,
a notte tarda, in un angolo vuoto e senza vento
di una qualche città. Pietra esumata, strane linee
scavate e sostenute dai millenni, custodi del silenzio.
Non è poesia, ma qualcosa che la precede. Niente
di fantastico, musica dunque, ma silenziosa.

Benché giunti al cuore dell'impresa, non basta correre il rischio di non
riuscire a compierla. È necessario aprirsi una via fino al lago silenzioso, alle
'parole che parlano,' al testo o al paese che ti legge.

One line disappears, makes the others clearer.
Like watching a file of ants foraging
where even telephone calls aren't easy.

It doesn't get any more fundamental
than perching on river stone recording
the shift of weather, the softening light,
or more obscure, by which I mean only
that it really doesn't matter if one's
allotted string's spent watching ants or
deciphering the stele on which they walk.

There are several strata of being "strange." Feeling the history of hunger as
a palpable sorrow may be transferable, like translation, and, like translation,
imperfect.

Togli un verso, gli altri diventano più chiari.
È come osservare una fila di formiche in cerca
di foraggio in un posto dove neppure il telefono

è sicuro che funzioni. Difficile pensare a qualcosa
di più essenziale che stare seduti su di masso nel fiume
a prendere nota del tempo che muta, dell'addolcirsi
della luce, del suo oscurarsi, il che significa che non
conta molto se il filo della vita lo consumi a osservare
le formiche o decifrare la stele su cui camminano.

Le stratificazioni della stranezza sono innumerevoli. Il sentimento della
fame nella storia è un dolore concreto e probabilmente trasmettibile, in
traduzione, e come nel caso di una traduzione, solo imperfettamente.

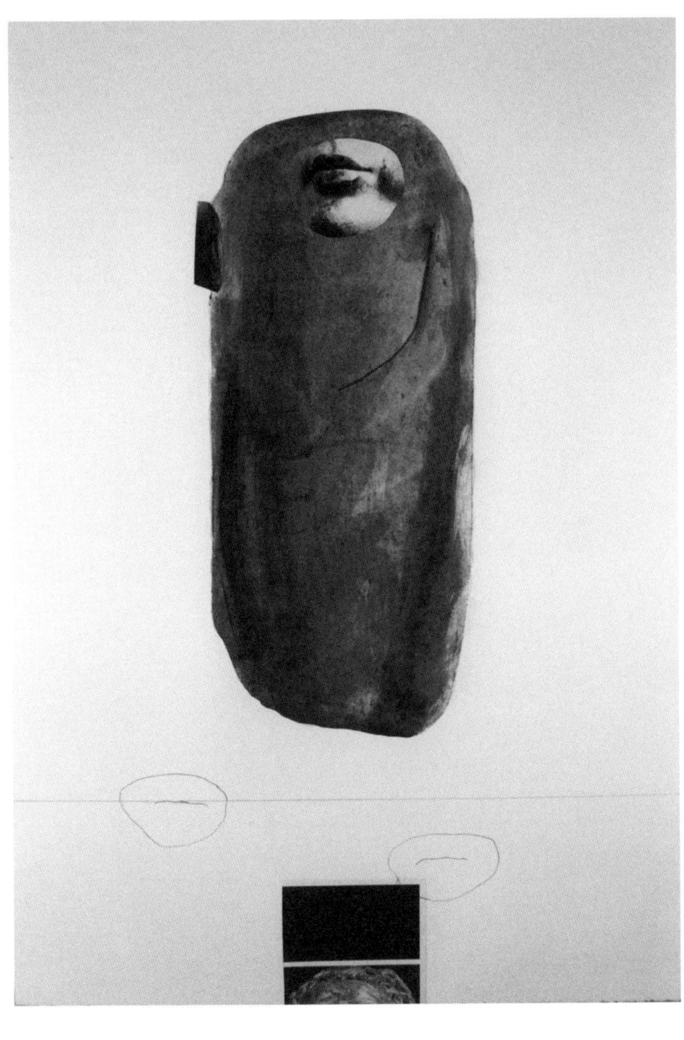

Another ending or voice holding fast
the earth, easily the measure of stone,
a healing words haven't yet devised.
Even with proof destroyed or any likeness,
the exiled life wants native pleasure,
less momentarily than before,
once the heart heats and cools what's finally come
or thought to be unloosed in accruing
all that rugged pleasing of a face.

Rock, paper, scissors. Of the two voices that speak within, one cracks
wise with the native and fast disappearing accent of San Francisco—a
querulous lilt somewhere south of Boston, and probably gone to sea. Rock,
paper, scissors.

Un'altra fine oppure una voce che trattiene
la terra, è così, è chiaro, che si misura la pietra,
un modo di guarire che le parole non hanno
ancora formulato. Distrutta ogni parvenza di prova,
la vita dell'esilio impone piaceri di terra d'origine
sempre meno frammentari, una volta che il cuore,
alla fine, incomincia a riscaldare, o a raffreddare,
quanto è successo, o quel che abbiamo creduto libero
di chiudere in un volto tutto il suo ruvido piacere.

Pietra, carta, forbici. Delle due voci che parlano da dentro, una fa la
spiritosa con quell'accento di San Francisco ormai in via di estinzione
... una cadenza querula e allegra come ancora si sente a Sud di Boston, e
probabilmente partita anche lei per un viaggio in mare. Pietra, carta,
forbici.

History in a wall, history in
a slab of rock in the land of sandstone
and marble—one aggregation then
another—aggregate on aggregate
in an external but secretive place
autumn on the terraced land, on the un-
molested steepness stone polished in the
town hall, in the riverbed, manners polished
enough to obscure the position of things.

Once, long ago, it was the history of bowls and weather and history haunted
the poet almost more than anything, and in all their forms. A widow quotes
her late poet, another layer to the problem of knowing, not the relation of
spouse to spouse, but, again, the outsider's dilemma. The late one remarked
on the nature of old walls, and, more permanently, on their position. Another,
far earlier De Rerum Natura.

La storia in un muro, la storia in una lastra
di pietra in una terra di arenaria e marmo…
prima un aggregato poi un altro … aggregato
su aggregato in un luogo esterno ma segreto
un autunno di campi terrazzati, di pendii ripidi
lasciati in pace, con municipio di pietra levigata,
e letto di fiume, con i modi fare levigati quel tanto
che basta per oscurare la posizione e gli oggetti.

Un tempo, secoli fa, la storia si decifrava dagli utensili e dal tempo che faceva,
e era la storia, in tutti i suoi aspetti, che ossessionava i poeti più di qualsiasi
altra cosa. Una vedova cita il suo defunto poeta, ecco un altro piano su cui
porre il problema del conoscere, non il rapporto tra sposo e sposa, ma,
appunto, il dilemma di chi osserva da fuori. Il defunto aveva parlato della
natura dei vecchi muri e, più assiduamente, della loro posizione. Un altro De
Rerum Natura, molto più antico.

STET

Nor choosing a name or chance
but abiding with distances,
an often casual move
in the balance of things.
Slow sequence with eyes shut.
A forfeit of being
and mostly one's undoing:
history's object, shadowing dream,
that young boy lost in puddles.

Paradise, it seemed then, was mistaken for strangers or strangeness. Here,
fifty years ago, wrote 'slate,' where now in failing eye the terracotta roofs
are nearing noontime.

Non la scelta di un nome o di un caso,
ma un restare fedeli alle distanze,
e spesso, nel su e giù degli eventi,
una mossa qualsiasi.
Sequenza lenta con gli occhi chiusi.
Una penalità dell'essere
e più di tutto della propria disfatta:
scopo della storia, pedinare il sogno,
quel ragazzo perduto tra le pozzanghere.

Il paradiso venne confuso con lo straniero, con l'essere estraneo. Cosi
sembrava. Qui, cinquant'anni fa, scrisse 'ardesia', proprio dove adesso,
con la vista che se ne sta andando, i tegoli del tetto si avvicinano a
mezzogiorno.

In the land of chiaro and the land
of oscuro relief everywhere your hips
in my hands, your map, ever on the edge
of connection, as magnetic a force
as ever two planets exerted, no
matter the disasters no matter
the currents misunderstood to feel our
idiom under our feet over our heads
in the land of our language our relief.

The shifting pronouns from this side of the legend a mere reference to the
shifting position of the nature of things.

Rilievi dovunque nella terra del chiaro e
nella terra dello scuro, i tuoi fianchi
nelle mie mani, la tua geografia, sempre
al limite del collegamento, un campo
magnetico quanti mai se ne videro tra due
pianeti, senza dare alcun peso ai disastri,
alle correnti fraintese per sentire il proprio
idioma sotto i piedi, sopra la testa, nella
terra del nostro linguaggio del nostro sollievo.

Lo spostamento dei pronomi da questo lato della leggenda, una semplice
allusione alla posizione instabile della natura delle cose.

backwards from the past
or is it forward

cut in this rock
roots' bulge in outcropping
mosses ablaze

'the green fuse'
a poet overheard
driving the ages
through torsos of stone

The whole skyline a dancehall. That was San Francisco in the early
seventies, walking over Union St. to Columbus. Here remains the steep
quiet, with white dazzle of quiet at the edges.

a ritroso dal passato
o piuttosto in avanti

affioramenti, gonfiori
di radici intagliate in questa
pietra, fiammate di muschi

'il fuso verde',
sentì dire il poeta,
che spinge epoche intere
attraverso torsi di pietra

L'intera silhouette una sala da ballo. Era così San Francisco nei primi anni
settanta, se te la facevi a piedi da Union Street a Columbus. Qui è rimasta
la quiete profonda, con un bianco bagliore di quiete lungo i bordi.

The fixed weather of it all, the cement
tenor of the paralytic center
of it all don't pave the politic way.

Their imperium fatigues in damp air.

Where once we expected summer to fall
now perpetual non-seasons persist
though we look down from 40,000 feet
at glaciers run aground on hard scrabble.

Somewhere northerly near the Great Slave Lake
and a cadence now confined to pages
we chart a geography mis-mapped in
space in history in the ears of phantoms.

What we've been left behind to settle for
leaving fossils where fossils might be found.

As may befit the dislocation of cultures, time and space, one legendeer
forgets the form of one legend and replaces it with an older. In the territory
we're charting, the difference between 9 and 14 plays serious with intentions.

Tutto quel clima fisso, tutto quel modo di fare
duro come il cemento con il suo bravo centro
paralizzato, non crederai che spianino la via

dell'acquiescenza. Imperium si accascia nell'aria

inumidita. Dove un tempo t'aspettavi che l'estate
scadesse nell'autunno ora persistono perpetue
non stagioni, e sì che da un'altezza di 13,000 metri
e passa contempliamo ghiacciai interrati in campi

petrosi. Da qualche parte a nord nei pressi di
Great Slave Lake e un ritmo che oramai si trova solo
nei libri tracciamo nello spazio nella storia nelle orecchie
dei fantasmi una geografia di mappe fuorvianti.

Ci hanno lasciato indietro perché ci accontentassimo
di lasciare i fossili dove se ne potranno trovare.

Nella deriva delle culture, del tempo e dello spazio, accade logicamente che
un affabulatore dimentichi la versione di una leggenda e la rimpiazzi con una
versione più antica. Nel territorio in cui tracciamo il profilo la differenza tra
il 9 e il 14 manda all'aria il piano d'azione.

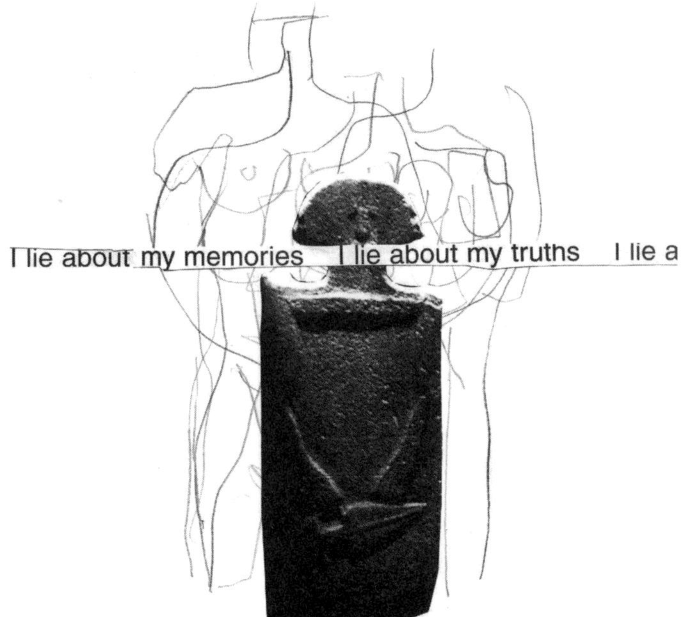
I lie about my memories   I lie about my truths   I lie a

Time is the evil. Evil, the master wrote,
up the coast from here in Rapallo.
The master seeming then, before the war,
at the end of his own road, which road or war
relevant only to poets and other
pilgrims of hope. Only beauty's idyll
might even misplace such an occasion.
An investigation must begin somewhere,
as with any working-class art or science.

The other voice, as defiant, bears the mannered, crisp inflections of the
Apuan Appenines, as well as a distinctly feminine tone. Here, there. Paper
scissors, rock.

Il tempo è il male. Il male, ha scritto il maestro
a Rapallo, un po' più a nord di qui, lungo la costa.
E questo prima della guerra, quando pareva giunto
alla fine del proprio cammino, un cammino e una guerra
per cui solo i poeti, e gli altri pellegrini della speranza
potevano nutrire qualche interesse. L'idillio con la bellezza
avrebbe per altro sciupato anche questa occasione.
Un'indagine deve pur cominciare da qualche parte,
dall'arte, mettiamo, o dalla scienza della classe operaia.

L'altra voce, ugualmente sprezzante, la riconosci dall'inflessione
manierata e croccante delle Alpi Apuane, come anche da un suo timbro
distintamente femminile. Prima qui e poi lì. Carta, forbici, pietra.

She'd landscape he'd wrap up a nursery
the currency of lines focused as maps
controversy enough as waters rise to
visit on the lowlands a plague supreme
of locusts, frogs, pestilence and temper
(who among them threw the first tantrum?)
imagine the caesura if only
girls had wrestled the angel imagine
how topographic the coded answer.

Lei alle prese il giardinaggio e lui con la scelta
delle piante, l'attualità delle linee messe a fuoco
come in una mappa cosa che basta per alimentare
una polemica mentre l'acqua ricopre i terreni
più bassi causando danni estremi come le cavallette
le rane, la pestilenza, e la collera (chi tra di loro fece
i primi capricci?) figurarsi la cesura, se solo quelle
fanciulle avessero lottato con l'angelo, e chissà
quanto topografica la loro risposta crittografata.

The ancients left messages in our slumber,
in common falsettos that forecast dreaming,
especially at this age. It's a real hoot—
fart noises et al—which doesn't quite mean
anybody is looking right at you.
The time of year when feelings roar like the plague
and grammar makes it a little easier.
Take the day, the week, the month off. Mouthless
faces await you and it's not yours to tell.

The rock worked smooth and flowing like this river to the flaming west. A land of wanderers and exiles (*ambulanti* in local practice), pilgrims by a happier name. A pleasure that comes with age.

Con quelle voci in falsetto che, specie di questi tempi,
preannunciano i sogni, gli antichi hanno lasciato
messaggi nei nostri sonni. Niente da dire, uno scherzo
o un rumore di scorregge et al... il che non vuol dire
che qualcuno stia guardando in faccia proprio te.
La stagione quando quel che si prova di dentro ruggisce
come una peste e la grammatica rende tutto un po' meno
impervio. Prenditi un giorno libero, una settimana, un mese.
Ti attendono facce prive di bocca e non ne puoi parlare.

La pietra levigata scorre come questo fiume verso l'ovest in fiamme. Terra
di esilio e di meraviglie (venditore ambulante, mestiere non infrequente da
queste parti), pellegrini, per meglio dire. Un piacere che viene con l'età.

Here fog's pacific blanket guise, broad in
its address, there Magra's slim fog fingers
sliding up river valleys different
in approach or is it just a matter
of perspective, hand's heel versus digit,
cover versus probe, ocean versus creek.

If you sit high enough it's about the
line at least in that continuity's
less geography more mental map.

Quaggiù la nebbia è in guisa di coltre tranquilla,
ampia nel dimostrarsi, laggiù è nebbia smilza
del Magra che tasta valli fluviali in fuga, ognuna
diversa per tecnica di avvicinamento o è soltanto
una faccenda di prospettiva, tallone della mano
contro dito, coperta contro sonda, oceano contro

torrente. Se ti metti seduto in alto quel tanto che basta
il problema è la linea almeno per quel che riguarda la sua
continuità meno geografia e più mappa mentale.

It's high noon in the Bahamas,
the mildest of seasons in the Catskills.
Line or line, for that matter, a detour
or treason in the valley of the moon.
Three clicks with the alluvial granite,
lunch in the redwoods, she not quite willing
to play. Speaking of ambivalence
what about Clotho's thread and the daughters
of marble in the legend of the Magra?

Those mouthless legends no matter how many clicks or lunches or how
old the redwoods. Organize we must or the moon will leave us speechless,
thread spinners, bearers of ambivalent frontiers in our assigned role as
captives.

Alle Bahamas è mezzogiorno spaccato,
e nei Catskills questa è la più dolce delle
stagioni. Filo, linea, o verso, se preferisci,
una deviazione o un tradimento nella valle
della luna. Tre scatti di granito alluvionale,
colazione nella foresta degli abeti rossi e lei
che non ha voglia di giocare. Ma parlando
di ambivalenza, che diremo dello stame di Cloto,
delle figlie di marmo della leggenda del Magra?

Leggende prive di bocca a dispetto di tutti gli scatti e le colazioni e perfino
dell'età delle foreste di abeti rossi. È tuttavia necessario organizzarsi,
altrimenti la luna ci lascia senza parole, filatori di stame, portatori di
frontiere ambivalenti: questo il ruolo di prigionieri che ci è stato assegnato.

It may be all about the journey but
when you arrive to presentments of doom
should you look to the weather or offer
biscuits and vodka to the spinner of thread?

Or is it best just to ignore them, go
to sleep against the weight of custom and
practiced repetition, wish them silent,
save the offerings for those in need and
remember that lines have no content?

Magari dipende tutto dal viaggio, ma quando
ti assale dei presentimenti della catastrofe, cosa
fai, guardi che tempo fa, oppure offri biscotti
e un po' di vodka alla filatrice dello stame?

O è meglio lasciarli perdere, e andarsene a dormire
approfittando del peso dell'abitudine e della pratica
della ripetizione, augurarsi che tacciano, e tenere
da parte le offerte per chi ne ha necessità, ricordarsi
che le linee sono al tutto prive di contenuto.

Book design & typesetting by Rebecca Chamlee

This project was partially funded by a Faculty Enrichment Grant from Art Center College of Design.

We would like especially to thank Caterina Rapetti and Francesco Bola of the Museo delle Statue Stele Lunigianesi in Pontremoli for their invaluable help. More information about this museum of Neolithic art may be found at: www.statuestele.org.

Printed in Italy by Nuova Litoeffe Srl (Piacenza).
ISBN 9788874900855

Postmedia Books
Via della Chiesa Rossa, 49
20142 Milano
www.postmediabooks.it

Otis Books/Seismicity Editions
Graduate Writing
Otis of Art and Design
9045 Lincoln Blvd.
Los Angeles, CA 90045
https://blogs.otis.edu/seismicity
http://gw.otis.edu